Yon Liv Crabtree Rasin

Zannimo Pak Yo MOUTON

AMY CULLIFORD
JEAN-PIERRE GASTON

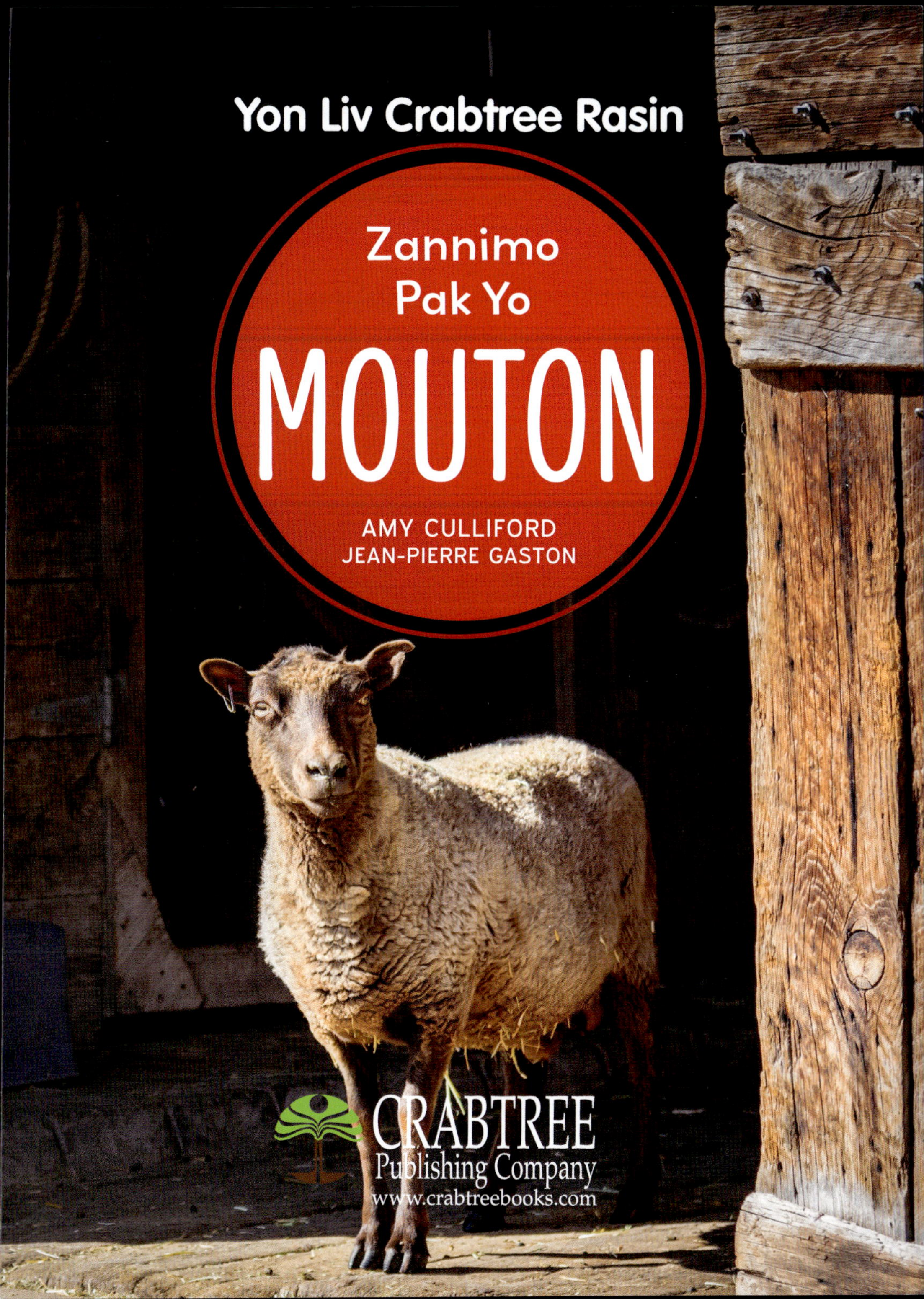

CRABTREE
Publishing Company
www.crabtreebooks.com

Sipò Lekòl A Kay Pou Moun Kap Bay Swen Ak Pwofesè Yo

Liv sa a ede timoun yo grandi lespri yo nan kite yo pratike lekti. Men kèk kesyon kap ede lektè a bati konpreyansyon konpetans yo. Epons posib yo parèt an wouj.

Anvan Lekti:

- De kisa mwen panse liv sa ap pale?
  - *Liv sa a se sou mouton.*
  - *Liv sa a se sou mouton ki viv nan pak yo.*

- Kisa mwen vle aprann sou sijè sa?
  - *Mwen vle aprann ki son yon mouton fè.*
  - *Mwen vle aprann ki koulè mouton ka ye.*

Pandan Lekti:

- Mwen mande poukisa...
  - *Mwen mande poukisa gen mouton ki gen koulè diferan.*
  - *Mwen mande poukisa gen mouton ki gen kòn.*

- Kisa mwen te aprann jiskaprezan?
  - *Mwen te aprann ke mouton ap viv nan pak yo.*
  - *Mwen te aprann ke mouton ka vin gwo oswa rete piti.*

Aprè Lekti:

- Ki detay mwen te aprann sou sijè sa?
  - *Mwen te aprann ke gen mouton ki gen kòn.*
  - *Mwen te aprann ke mouton ka genyen koulè diferan.*

- Li liv la ankò epi chèche mo vokabilè yo.
  - *Mwen wè mo **pak** nan paj 5 ak mo **kòn** nan paj 12. Lòt mo vokabilè yo wap jwenn nan paj 14.*

Sa se yon **mouton**.

Mouton sa yo
nan yon **pak**.

Gen mouton ki gwo.

Gen mouton ki piti.

Mouton yo ka blan, mawon, oswa nwa.

Gen mouton ki genyen **kòn**.

Tout mouton yo di,
baa!

Lis Pawòl

Mo timoun rekonèt lè yo fèk kòmanse li

blan	nwa	se
di	oswa	tout
gwo	piti	yo
mawon	sa	yon

Mo pouw Konnen

kòn

mouton

pak

36 mo

Sa se yon **mouton**.

Mouton sa yo nan yon **pak.**

Gen mouton ki gwo.

Gen mouton ki piti.

Mouton yo ka blan, mawon, oswa nwa.

Gen mouton ki genyen **kòn**.

Tout mouton yo di, baa!

Zannimo Pak Yo

MOUTON

CRABTREE Publishing Company

Ekri pa: Amy Culliford
Ki fèt pa: Rhea Wallace
Devlopman Seri a pa: James Earley
Korektè: Kathy Middleton
Konsiltan Edikasyon: Christina Lemke M.Ed.
Tradui pa: Jean-Pierre Gaston

Photographs:
Shutterstock: NPDstock: cover (tl); Menna: cover (tr); Laurinson Crusoe: cover (b); Amy K. Mitchell p. 1; Pete Pahham: p. 3, 14; Zane Vergara: p. 4, 14; Natelle: p. 7; Alexey Stiop: p. 9; FooTToo: p. 10-11; wk1003mike: p. 12; fotorauschen: p. 13

Library and Archives Canada Cataloguing in Publication

CIP available at Library and Archives Canada

Library of Congress Cataloging-in-Publication Data

CIP available at Library of Congress

Crabtree Publishing Company

www.crabtreebooks.com 1-800-387-7650

Printed in Canada/052021/CPC

Pibliye Ozetazini
Crabtree Publishing
347 Fifth Avenue, Suite 1402-145
New York, NY, 10016

Pibliye nan Kanada
Crabtree Publishing
616 Welland Ave.
St. Catharines, Ontario L2M 5V6